*Fais de ta vie un rêve  
et d'un rêve une réalité.*

Antoine de Saint-Exupéry

© 2020, Janvier, Audrey
Edition : Books on Demand,
12/14 rond-Point des Champs-Elysées, 75008 Paris
Impression : BoD - Books on Demand, Norderstedt, Allemagne
ISBN : 9782322235407
Dépôt légal : juillet 2020

# Sommaire

Préface .................................................. 07

Introduction ............................................. 11

Débuter par un bilan .................................. 23

Autour du thème ....................................... 33

Affiner son objectif ................................... 43

La concrétisation ...................................... 53

Le tableau se dévoile ................................. 69

Conclusion .............................................. 73

Liens du livre .......................................... 75

Note sur l'autrice ..................................... 77

# Préface d'Anaïs Alliot

« Si vous pouvez l'imaginer, vous pouvez y arriver ; si vous pouvez y rêver, vous pouvez le devenir. » William Arthur Ward

Là où la plupart des livres de Développement Personnel consacrent tout au plus un chapitre sur l'importance de la visualisation, le livre *Réussir grâce au tableau de visualisation* est un véritable guide complet et une source d'inspiration pour atteindre ses objectifs.

Vous ne savez pas encore quels sont vos véritables envies, vos passions et objectifs de vie ? Il vous est difficile de vous projeter ? L'exercice de la visualisation vous semble compliqué, voire totalement abstrait ?

Pas de panique, vous êtes au bon endroit ! Vous allez découvrir, à la lecture de ce guide, des outils concrets à utiliser pour vous aider à trouver du sens à vos envies et vous fixer des objectifs.

Votre tableau de visualisation doit être unique, 100% sur-mesure et vous permettre de vous projeter. Grâce au livre d'Audrey, vous comprendrez vite que la construction d'un tableau de visualisation qui fonctionne passe par une meilleure connaissance de soi et qu'il n'y a pas de limites à vos rêves !

En vous lançant dans la lecture de ce guide, vous apprendrez non seulement à construire un tableau de visualisation qui s'aligne parfaitement avec vos aspirations et vos objectifs de vie mais également à vous poser les bonnes questions.

Créer un tableau de visualisation qui vous corresponde à 100%, qui accroche visuellement votre regard, votre âme et que vous ne risquez pas d'oublier dans un coin après quelques jours : voilà la mission de *Réussir grâce au tableau de visualisation* !

L'effet positif du livre ne s'arrête d'ailleurs pas à la création du tableau : à la fois un mode d'emploi, un livre de Développement Personnel et d'introspection, *Réussir grâce au tableau de visualisation* incite le lecteur à plonger au cœur de son histoire et de ses rêves pour en ressortir ses motivations les plus puissantes.

Ce travail essentiel constitue les prémices d'un tableau de visualisation garant de votre succès !

Il vous aide à écrire votre futur en ayant toutes les cartes en mains.

Le tableau de visualisation est avant tout un outil qui fait appel aux émotions, aux vibrations, aux images et aux mots. Au-delà de l'introspection et de la création du tableau de visualisation, Audrey nous explique dans son livre comment créer **sa routine positive de visualisation** grâce à ce support visuel que notre cerveau apprécie tant. Pratiquer chaque jour ce rituel puissant devient alors le premier pas d'une succession d'actions vers l'atteinte de ses objectifs.

Enfin, parlons du but ultime visé par celles et ceux qui se lancent dans lecture de ce livre : la réussite au sens de l'incarnation de votre plein potentiel.

Vous l'avez sans doute remarqué, le titre de ce guide est sans appel : **Réussir** grâce au tableau de visualisation. Voilà le sens donné à cet exercice, la volonté de réussir dans le ou les domaines qui vous paraissent prioritaires : la vie de famille, la validation d'un concours, un achat, un objectif de rémunération mensuelle à atteindre, une reconversion, etc. Vous allez avoir l'occasion, au fil des pages, de suivre une **méthodologie** qui vous guidera vers la création d'objectifs précis.

Vous allez construire un tableau de visualisation à la fois agréable à regarder et capable de vous insuffler une dose d'énergie positive !

Imaginez un profond sentiment de réussite s'installer en vous à mesure que vous atteignez vos objectifs, n'est-ce pas ce que vous désirez ? Une réussite comme un état d'être. Qu'elle soit sociale, intellectuelle, matérielle, professionnelle ou qu'elle concerne le sens de votre vie, la réussite se dévoilera un peu plus à chaque visualisation.

Alors, comment créer votre réussite ? En la visualisant chaque jour, en intégrant les mots, les images, les émotions qui y sont associés. En l'ayant préalablement pensé et préparé avec soin, pour être certain qu'elle corresponde bien à vos envies, vos attentes et votre singularité.

La réussite, c'est quand on fait ce que l'on est. Alors bravo à vous d'être ici et d'avoir fait le choix d'agir. À travers son guide, Audrey nous donne accès au **secret** pour matérialiser n'importe quel projet, qu'il soit personnel ou professionnel.

Êtes-vous prêt à passer à l'action ?

Alors, suivez vos rêves, ils connaissent le chemin.

Anaïs Alliot

# Introduction

*Le tableau de visualisation (ou vision board en anglais) est un outil d'ancrage créé par vous-même, de manière à guider inconsciemment vos pensées et vos actions, dans le but de réaliser vos objectifs de vie.*

**Outil puissant et incontournable** de Développement Personnel et de Growth Mindset (état d'esprit de croissance), le tableau de visualisation est à découvrir et à intégrer à votre vie. Formulez vos demandes à l'Univers, soyez à l'écoute de vos intentions, votre tableau vous apportera toute la motivation et l'énergie qui vous permettra d'atteindre votre rêve !

Je vous explique tout dans ce livre.

A travers ce livre, je vous propose de découvrir comment réaliser

votre propre tableau de visualisation. Vous saurez tout sur ce pouvoir incroyable de la visualisation et je vais vous livrer **tous les secrets pour créer un tableau qui correspondra parfaitement à votre besoin, ici et maintenant.**

Un tableau unique, personnel, motivant.

Et en bonus, **je vous dévoilerai un outil créé exprès pour vous**, une **MÉTHODE unique pour parfaitement ancrer** votre objectif !

Je vous souhaite une belle lecture.

Tous les liens url du livre sont disponibles sur la page
http://www.janvieraudrey.fr/livre

## *En savoir plus*

### A qui s'adresse ce livre ?

Le principe de la visualisation, et par extension du tableau de visualisation **n'a aucune limite**. Vous pouvez y avoir recours pour n'importe lequel de vos projets, des très concrets aux plus abstraits, des plus courts aux plus longs.

Tout le monde peut utiliser cette magnifique technique, **à tout âge, à toute époque de la vie.** Que vous ayez 20 ans, 15 ans ou 40, et même 60 ans ou plus. Les enfants également peuvent tout à fait créer leur propre tableau s'ils ont le désir de réaliser un projet et sont sensibilisés au concept de développement personnel.

## Le principe de la visualisation

Plébiscitée par la Loi d'attraction, popularisée par le *Miracle Morning* d'Hal Elrod (Editions First, 2016), la visualisation est en effet **un outil**, un élément moteur dans votre réflexion personnelle sur votre propre chemin de vie. Elle vous permettra de **trouver les étapes à suivre** pour réaliser votre projet ou votre défi. Elle **vous apportera la motivation nécessaire** et essentielle, **la clé de votre future réussite**.

Le principe de la visualisation repose sur le constat que, lorsqu'on visualise une situation, **on commence déjà à se mettre en condition d'y parvenir**. Lorsqu'on visualise un projet, on

commence déjà à se mettre en condition pour le réussir.

Autrement dit, vous vous imaginez pleinement, totalement dans la peau de votre **Moi futur** ayant réussi à atteindre votre objectif. Et vous notez à chaque fois que vous pratiquez la visualisation toutes sortes de détails, d'émotions, de réflexions qui vous viennent lors cet exercice. **Ceux sont ces éléments, précieux, qui vont provoquer en vous les étincelles de la motivation**. Ils vous aideront à construire les étapes de votre projet. Ils vous aideront à avancer, à chaque instant, vers votre but !

## Concrètement, comment pratique-t'on la visualisation ?

La visualisation consiste en **quelques minutes de concentration intense** sur un projet que l'on souhaite réaliser, u**ne projection de votre mental dans le futur**, afin de vivre ce moment de réussite de votre projet comme s'il était en train de vous arriver. Pendant un instant, vous vous installez dans une position confortable, qui favorise le lâcher prise et l'immersion dans cette pensée. Vous pouvez vous allonger. Mais attention à ne pas s'endormir ! Vous pouvez vous mettre en tailleur. Ou même pourquoi pas debout !

L'essentiel est de pouvoir vous laisser emporter par votre esprit vers votre **Moi futur**.

La visualisation est une pratique qui dure à peine quelques minutes, des minutes très intenses, mais pas besoin de plus. Visualisez-vous dans la situation la plus aboutie, la plus réussie de votre objectif. **Ce n'est pas le chemin que l'on visualise mais le but**. La visualisation vous aidera inconsciemment à définir le chemin. Alors laissez totalement libre cours à votre envie la plus forte, absolue, infinie. Vous souhaitez devenir plus zen, visualisez-vous totalement zen, sans un nuage noir dans votre esprit. Vous souhaitez devenir riche, visualisez-vous avec le revenu espéré tous les mois sur votre compte. Et imaginez votre vie dans la peau de **votre Moi qui a réussi**. Comment vit-il, comment s'habille-t'il ? où vit-il ? Imaginez vous allant à votre travail, ou bien lors d'une discussion entre amis, ou devant un auditoire ? Percevez également les signaux sensoriels, porteurs de sens forts comme nous le verrons dans la suite du livre. Ressentez-vous de la chaleur ? ressentez-vous une odeur particulière, une couleur qui vous attire ?

Chaque visualisation vous apportera **de nouvelles informations sur votre objectif de réussite**. Des informations qui vous aideront à **déterminer des étapes**, mais aussi des obstacles ainsi que leurs clés pour les surmonter, des données déterminantes... **Notez tout ce que vous découvrez dans un cahier** que vous dédierez à la visualisation.

A chaque visualisation que vous pratiquez, **soyez attentif à tous les signaux de votre corps et de votre esprit**. Notez tous les ressentis, agréables ou désagréables, positifs ou négatifs. Ils seront précieux pour vous aider à faire vos choix. Notez toutes les informations que vous percevez et que vous jugerez utiles à votre réflexion.

## A quel moment pratiquer la visualisation ?

Une fois encore, **vous êtes libre de choisir le moment que vous préférez**. Au réveil, durant votre routine matinale ? Plus tard dans votre début de matinée ? Le soir avant de vous endormir ? Un peu tout le temps ? Et pourquoi ne pas mettre à profit des moments d'attente lors d'un rendez-vous, ou de calme, pendant votre bain ?

Il n'y a pas de meilleure réponse. Car la seule bonne réponse est de choisir le ou les moments de votre journée où vous saurez vous **immerger pleinement dans votre visualisation**.

En réalité le critère pour choisir le moment pour la visualisation devrait plutôt être celui-ci : **votre potentiel à vous concentrer sur votre ressenti** lors de votre visualisation.

Déterminez à quel moment vous ne serez pas dérangé par

un membre de votre famille ou le téléphone qui sonne. A quel moment vous ne risquez pas de vous endormir... Et **faites en un instant pour vous, de temps pour vous, un moment intensément présent, une routine quotidienne.**

## Ce que nous explique les neurosciences

La pratique de la visualisation est utilisée depuis longtemps **dans le monde du sport**, où des athlètes par exemple visualisent leur course, s'imprègnent d'une motivation sans faille. Ou encore **dans le monde du travail**, et jusqu'aux étudiants pour se préparer à leurs examens. Egalement **dans le domaine médical,** où des thérapies contre le stress et contre de graves maladies, sont basées sur la visualisation.

En effet, l'étude des neurones, les neuroscience, a déterminé que **notre cerveau ne fait pas la différence entre la réalité et ce que nous imaginons**. En pratiquant la visualisation, nous imprimons dans notre inconscient des images, des situations, des gestes, et surtout des **émotions positives**.

*Ancrer ses réussites*

*et pouvoir y puiser la force,*
*le plaisir et la motivation*
*chaque jour*

Audrey Janvier

zen&zebre.fr

**C'est ce que nous appelons l'ancrage !**

Le principe de la visualisation utilise les même biais cognitifs, de manière volontaire et répétée, régulière, dans le but d'ancrer des actions et des émotions qui vous mènent à votre objectif défini.

## En savoir plus

**Le cerveau humain est visuel**. Il favorise le traitement des informations par l'image à 90 % par rapport aux autres sources d'informations et stimulis.

# La Loi d'attraction

*L'Univers répond aux demandes que nous lui envoyons.* C'est en partant de cette conscience que s'est développé le concept de Loi d'attraction.

La Loi de l'attraction explique que **nous attirons des évènements en fonction de ce que nous ressentons**. Le bon comme le mauvais. Nos pensées créent en nous une énergie, une **vibration**, un climat intérieur, quelque chose qui va au-delà de la simple pensée. Ce principe fait appel à chaque parcelle de notre corps, chaque cellule vibre sur cette même fréquence, qu'elle soit positive ou qu'elle soit négative. Et **c'est cette énergie qui va attirer**, selon le principe de l'attraction, **des situations en rapport avec cette énergie**, soit positives, soit négatives.

Je vous invite à vous plonger dans la lecture **du livre *Le secret***, de Rhonda Byrne (Un monde différent, 2008): ce livre est une superbe illustration **du pouvoir de la visualisation**, à travers le principe de la Loi d'attraction. Un principe qui se résume à **des vibrations que notre esprit crée grâce aux pensées auxquelles la Loi d'attraction répond**. Nous pouvons devenir maître de ces pensées, et non plus les subir. Déterminer ce que l'on ne veut plus, choisir ce que l'on veut, ressentir les émotions de la réussite, et ne plus avoir de doutes.

*Le secret, de Rhonda Byrne*

# Le Growth Mindset

Développé par la chercheuse en psychologie Carol Dweck, le concept de Growth Mindset (ou **état d'esprit de développement**) définit que le plus important pour réussir à atteindre son objectif n'est pas seulement d'avoir du talent ou des capacités, mais davantage **d'avoir un état d'esprit de croissance et d'apprentissage**. Cela signifie **d'avoir une motivation infaillible**, nous poussant à fournir non seulement les efforts, le travail nécessaire, mais surtout à développer des stratégies pour atteindre notre objectif. Et **cela se travaille tous les jours**, au quotidien, quelque soit son âge et son état d'esprit de départ. A partir d'exercices simples, grâce à une deconstruction de vos croyances limitantes, développez un mental positif, résilient, confiant, et entreprenant !

## En savoir plus

Si le concept du Growth Mindset vous intéresse, je vous invite à lire **l'article très complet d'Anaïs Alliot**, sur le site **Grandir Zen** , un site de référence sur la parentalité positive et l'accompagnement par le Growth Mindest (lien dans la bibliographie)

## Qu'est-ce qu'un tableau de visualisation ?

Un tableau de visualisation est **un montage d'images et de textes autour d'un projet**, d'un objectif ou d'un rêve que vous aimeriez atteindre dans votre vie.

Grâce au tableau de visualisation, vous aurez tous les jours devant vos yeux votre future vie.

mon tableau de visualisation en 2019

**L'objectif peut être très abstrait** : être plus zen, plus heureux, changer de vie, faire une reconversion. Ou au contraire **très précis**, comme un voyage, un projet professionnel, un achat...

Dans tous les cas, un tableau de visualisation **doit vous correspondre**, doit vous ressembler, **il sera unique**, car il sera réalisé à un moment précis de votre vie, selon votre besoin, votre projet, et selon les éléments que vous aurez choisis pour vous motiver.

## Le tableau de visualisation, comment ça fonctionne ?

Le principe du tableau de visualisation est très simple: regrouper dans un même espace, autant d'images et de textes nécessaires **à vous motiver et vous rappeler à votre objectif choisi**.

D'abord par l'étape de construction du vision board, qui vous demandera à la fois **une introspection et une réflexion importante**, une recherche des meilleures images et phrases qui décrivent au plus juste votre projet.

Vous le verrez, le choix de l'espace qui accueillera votre tableau est extrêmement important.

Puis chaque jour, en prenant régulièrement **un instant en pleine conscience**, vous allez regarder ce tableau, et ancrer inconsciemment cette pensée, votre intention, et les émotions qu'elle vous procure, au point **d'entreprendre des actions** visant à réaliser votre projet.

## Vous avez besoin d'aide pour réaliser votre tableau ?

Réaliser un tableau de visualisation n'est pas toujours évident. Et souvent, il ne remplit pas sa mission pour la simple raison qu'il ne nous attire pas vraiment. C'est parce qu'en réalité, **il ne nous correspond pas**. Soit parce que nous n'avons pas identifié précisément notre besoin ou notre projet, soit parce que la mise en page ne met pas en valeur les éléments choisis et finalement, **nous n'apprécions pas tellement de le regarder** et finissons même par l'oublier !

Pour répondre à cette problématique, j'ai développé *le service de création sur-mesure de tableau de visualisation* !

Un vision-board fait pour vous, et avec vous !

Sur mon site professionnel *www.janvieraudrey.fr*, vous pourrez commander mon service **Je réalise votre tableau de visualisation**. Vous recevrez un questionnaire (quelques minutes). Puis, après quelques échanges, je vous proposerai un tableau qui correspond à vos besoins exacts et selon vos goûts précis !

# Débuter par un bilan

*Vous êtes enfin décidé à réaliser votre tableau, et je vous en félicite. Mais avant de vous lancer dans la recherche d'images et dans le montage, je vous invite d'abord à vous lancer **dans une introspection**.*

Une fois encore, pour fonctionner idéalement, un tableau de visualisation doit vous correspondre. Il sera unique, exactement ce dont vous avez besoin, **ici et maintenant**.

Pour vous aider dans cette étape de préparation, je vous propose quelques étapes préliminaires pour lesquelles je vous invite à méditer avant de débuter votre réflexion. Elles vous aideront à définir précisément votre objectif, mais aussi et surtout les éléments qui vous motiveront pour atteindre cet objectif !

Quand vous aurez fini, vous pourrez répondre à ces 3 questions :

**Qu'est ce que je veux faire ?**
**Qu'est ce que je veux avoir ?**
**Qu'est ce que je veux être ?**

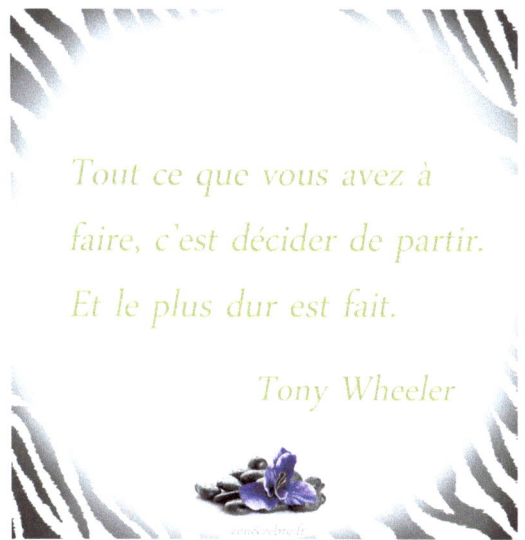

*Tout ce que vous avez à faire, c'est décider de partir. Et le plus dur est fait.*

*Tony Wheeler*

## Qu'avez-vous déjà accompli ?

Et oui, cela pourra vous surprendre, mais **pour savoir où vous voulez aller, vous devez savoir d'où vous venez**... Pour commencer votre réflexion sur votre tableau de visualisation, je vous conseille de prendre un moment pour réfléchir à ce qui s'est passé dans votre vie, au cours des derniers mois et années, au cours de moments-clés, d'étapes importantes de votre parcours. Vous noterez **autant vos réussites que vos échecs**, ou plutôt vos frustrations, vos projets qui n'ont pas (encore) aboutis...

Tenir compte de vos succès vous aidera à comprendre sur quoi vous devez vous appuyer pour réussir vos objectifs.

## C'est à vous

*Prenez quelques minutes pour répondre à ces questions :*

Au cours de cette année, au cours de votre vie,

Qu'avez-vous accompli ?
Qu'avez-vous aimé faire ?
Qu'est-ce que vous n'avez pas aimé faire ?
Quel était votre objectif ?
Qu'avez-vous appris ?
Sur quoi avez-vous essayé et échoué ?
Qu'avez-vous fait qui vous a rendu fier ?

Cette réflexion peut être très rapide mais je vous conseille de vous y pencher **longuement et surtout régulièrement**. Certains moments de votre vie peuvent être plus sensibles, plus durs à observer avec le recul, et pourtant ils méritent autant d'attention que vos réussites, ils vous apporteront autant d'apprentissage sur vous-même, alors **ne les négligez pas**. Mais si l'exercice vous semble trop remuant, cela signifie que ce n'était pas le moment de venir inspecter cette partie de votre vie. Revenez-y dans quelques temps.

## Que feriez-vous différemment ?

Nous ne pouvons pas réécrire le passé. Certes. Mais nous pouvons encore en tirer des leçons pour avancer dans notre vie présente et future. **Il ne s'agit pas de regrets, mais d'apprentissages.**

### C'est à vous

*Prenez quelques minutes pour répondre à ces questions :*

**Quels obstacles avez-vous rencontré dans votre vie ?**
**Qu'est-ce qui, d'après vous, vous a empêché de réaliser vos objectifs ?**
**Si vous pouviez revenir dans le passé, que feriez-vous différemment, si aucun obstacle ne s'était mis en travers de votre chemin ?**

L'homme n'aquiert la sagesse que par ses erreurs du passé

zen&zebre.fr

# Moi au centre de tout

Nous aurions pu commencer cette réflexion préliminaire par la question "**Comment allez-vous ?**", mais je parie que vous auriez au mieux répondu rapidement un "**ça va**", sans y prêter plus attention que cela. Au pire, vous auriez ignoré la question. Et pourtant, cette question somme toute banale, **est en réalité pleine de sens**. Vous êtes l'élément clé du processus. **Vous êtes le centre de votre Univers**. Vous êtes donc le point de départ de tout !

> *C'est à vous*
>
> *Prenez quelques minutes pour répondre à ces questions :*
>
> **Citez 3 de vos qualités et 3 de vos défauts**
> **Citez 3 valeurs humaines parmi les plus importantes pour vous**
> **Décrivez-vous** en quelques mots, quelle est votre personnalité, votre caractère, vos forces, vos faiblesses ?

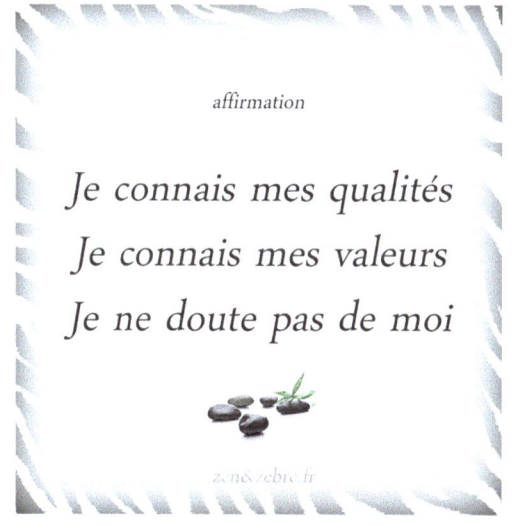

*affirmation*

*Je connais mes qualités*
*Je connais mes valeurs*
*Je ne doute pas de moi*

## Ce qui vous inspire

Nous avons tous **des personnalités que nous admirons,** ou bien des personnes que nous avons croisé dans notre vie, et dont le parcours nous a plu, ému ou touché. Sans le savoir, **ces personnes influent sur notre mental.** En nous imprégnant de leur histoire, à travers une lecture, un film, un article, **nous éveillons chaque fois les valeurs qui nous portent et nous subliment.**

Je vous invite à réfléchir à ces personnes et à ce qu'elles vous apportent de positif.

### C'est à vous

*Prenez quelques minutes pour répondre à ces questions :*

Quelles personnalités aimez-vous suivre ?
Lesquelles vous inspirent? Pour quelles raisons ?
Avez-vous un mentor ?
Avez-vous des citations fétiches, des pensées favorites dont vous partagez pleinement le sens ?

Que chaque evènement de votre Vie vous apprenne quelque chose

Osho Rajneesh

zen&zebre.fr

# Pensez à la direction que vous voulez prendre dans votre vie

Les choses dont vous n'êtes pas satisfait, ces situations du passé qui vous ont frustré, sont **autant de clés déterminantes** pour savoir où vous voulez aller dans votre avenir. Une fois que vous comprendrez exactement ce que vous voulez changer, vous pourrez faire le vrai travail qui consiste à déterminer COMMENT.

## C'est à vous

*Prenez quelques minutes pour répondre à ces questions :*

**Qu'est-ce que vous aimez faire dans vos journées ?**
**Avez-vous une passion, un rituel, une activité ?**
**Que voulez-vous changer dans votre vie ?**
**Quel est votre rêve le plus fou ?**

**Félicitations** ! Vous venez de finir la partie la plus importante de votre tableau de visualisation, **la préparation** !

Vous avez maintenant sous vos yeux plusieurs pages de mots clés, à propos de vous, à propos de vos réussites, de vos échecs, de vos envies, de vos valeurs.. **Ces mots clés vont être le moteur de votre tableau de visualisation** que vous allez enfin réaliser dans le chapitre suivant !

Et comme je vous l'avais promis en préambule de ce chapitre, vous devriez à présent pouvoir répondre à ces 3 questions :

**Qu'est ce que je veux faire ?**

**Qu'est ce que je veux avoir ?**

**Qu'est ce que je veux être ?**

Négliger cette partie serait une erreur, car vous ne seriez pas au plus près de votre **Moi réel**. Vous avancerez, certes, mais pas au plus fort de votre potentiel qui est en vous. **Vous sous-estimeriez votre propre pouvoir** de changer les choses.

**Respectez-vous, aimez-vous, mais observez-vous sans jugement, avec honnêteté, avec humilité et avec bienveillance.** Votre réflexion n'en sera que plus aboutie et plus puissante. Ca donne envie non ?

Je ne peux que vous encourager à réitérer cet exercice régulièrement pour conserver une connaissance de vous-même solide et authentique.

# Autour du thème

*Enfin! Il est temps de déterminer le sens de l'objectif qui sera le coeur de votre tableau de visualisation. Il est en effet primordial de poser cette intention dans votre tête AVANT de commencer la réalisation. C'est elle qui vous guidera dans vos choix des meilleurs éléments.*

La bonne nouvelle est que je vais vous livrer **un outil magique que j'ai créé pour ce livre**, et qui vous permettra d'ancrer votre intention et de sublimer son pouvoir.

Mais pour commencer, dans le chapitre précédent, **vous avez identifié une série de mots-clés**, d'idées qui vont vous servir à présent. Vous avez répondu à ces fameuses 3 questions: *Qu'est ce que je veux faire, qu'est ce que je veux avoir et qu'est ce que je veux être ?*

Je vais vous présenter maintenant un nouvel outil puissant qui devrait vous permettre d'identifier votre objectif.

# La méthode du ikigai

Qu'est-ce qu'un ikigai ? Ikigai est une philosophie japonaise qui se traduit par **"le bonheur d'être occupé à une activité qui a un sens et un but pour soi"**. Elle constitue un excellent outil pour trouver un sens à sa vie, pour se projeter dans l'avenir que l'on rêverait d'avoir.

Le principe de l'ikigai repose sur un équilibre entre 4 composantes, que l'on matérialise généralement par 4 cercles selon ce schéma :

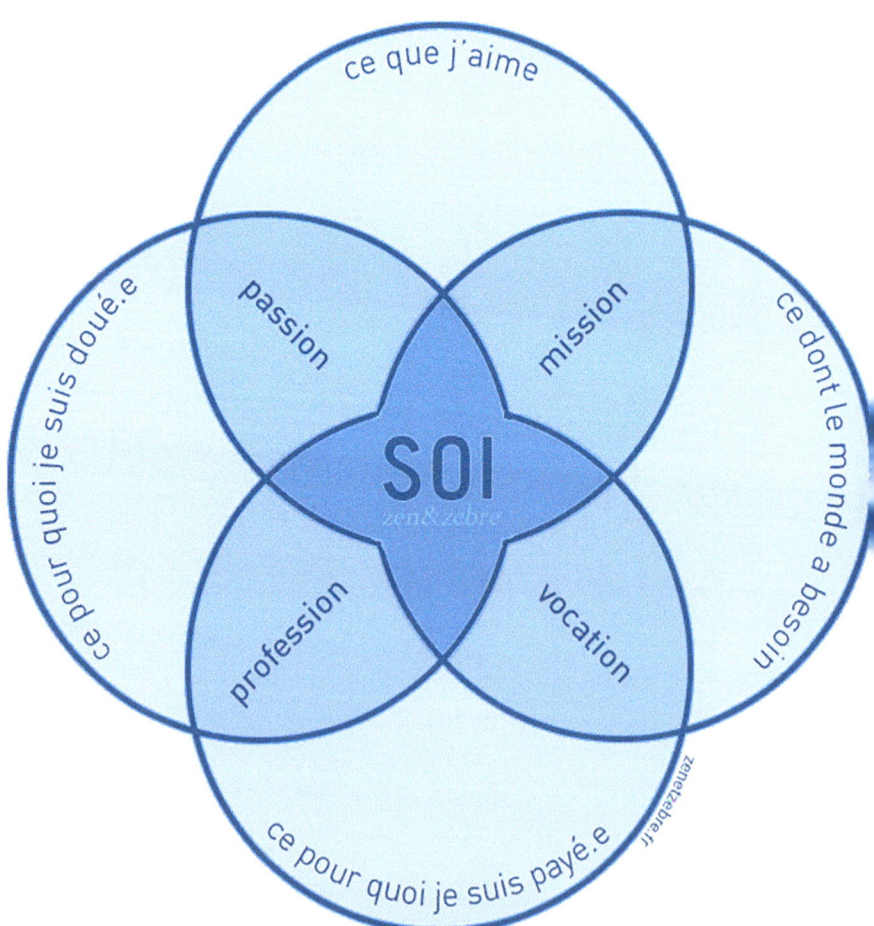

L'ikigai serait donc l'équilibre entre quatre composantes liées les unes aux autres par ce fragile équilibre :

ce que vous aimez

ce en quoi vous êtes doué

ce dont le monde a besoin

ce pour quoi vous êtes (ou serez) payé

Trouver son ikigai signifie alors **trouver l'équilibre entre sa vie professionnelle et sa vie personnelle**. C'est donner davantage de sens à son travail. C'est remettre la valeur de l'argent à son juste niveau. C'est ne plus vivre dans le doute, dans la peur, dans la routine. C'est trouver sa place, celle que l'on mérite et qui nous permettra d'être zen.

### En savoir plus

Si vous êtes intéressé par le concept de l'Ikigai, je vous invite à lire ***cet article du site Zen&Zebre*** qui vous explique plus en détail comment trouver votre ikigai (lien dans la bibliographie)

# Il est temps de définir le thème de votre tableau

Il est temps de déterminer plus précisément **le thème de votre futur tableau de visualisation**.

En effet, le principe de la visualisation peut s'appliquer dans **tous les domaines de la vie**.

Cela peut être **le travail**. Une reconversion professionnelle ? Une formation, un diplôme, une promotion ?

Cela peut être un domaine **plus personnel**. Partir vivre dans un autre pays ? Adopter une hygiène de vie plus saine ? Commencer de nouvelles routines de développement personnel ? Mettre un terme à une relation toxique ?

Cela peut être **un projet très concret**. Un voyage ? L'achat d'une maison ? Gagner un revenu plus élevé ?

Ou au contraire **plus abstrait**. Devenir un business man ou une working girl ? Devenir zen et libéré.e de toutes énergies négatives ?

Et n'oubliez pas, vous pouvez faire autant de tableaux dans votre chemin de vie que vous jugez nécessaire. Vous pouvez en faire

*exemples de tableaux dans différents domaines*

pour chaque thème où vous ressentez un besoin d'évolution ou un objectif à atteindre. Sans compter **une actualisation régulière de vos objectifs et donc de vos tableaux**.

En vous appuyant sur les éléments déterminants que vous avez découvert précédemment, vous devriez être en mesure à présent d'identifier votre objectif ou bien la thématique que vous souhaiteriez développer dans votre tableau.

## C'est à vous

Mon objectif pourrait être …

Le thème de mon tableau pourrait être …

A présent que vous avez bien progressé dans votre réflexion, je vous propose quelques outils qui vont vous aider à la développer, la préciser. Vous verrez, c'est assez impressionnant !

## Faites une Mind Map

Une mind map, aussi appelée schéma heuristique ou **carte mentale**, est une excellente méthode de réflexion basée sur l'extraction mentale et la mémorisation des informations. **Une méthode visuelle** (souvenez-vous, le cerveau traite à 90% l'information par le visuel) qui permet d'explorer et d'organiser ses idées, **de "cartographier" votre réflexion**.

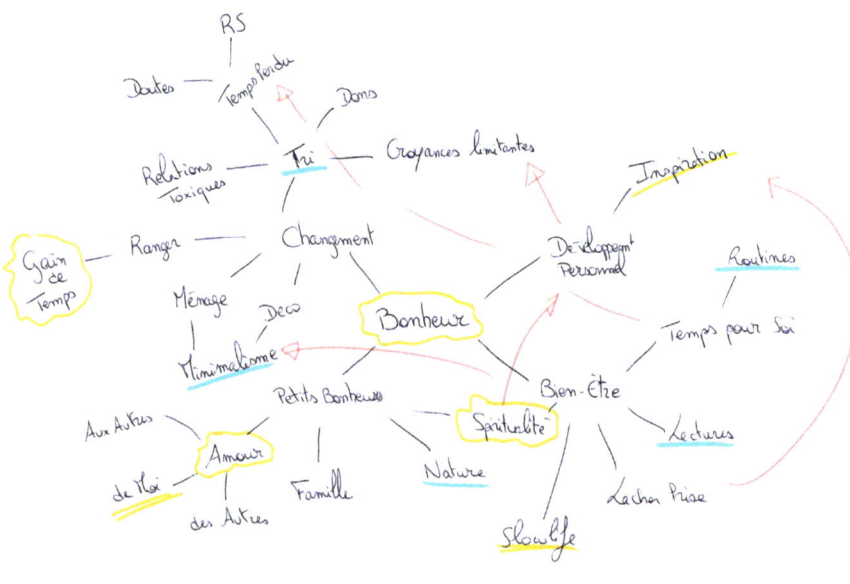

La manière de **réaliser une mind map est très simple**. Vous notez au milieu d'une page blanche le sujet que vous voulez approfondir. Puis vous notez autour de ce mot-clé central toutes les idées qui traversent votre esprit, des thématiques secondaires, des mots-clés synonymes ou complémentaires. S'en suivra **une explosion de mots inscrits sur votre page.**

Sans chercher à organiser votre réflexion, veillez tout de même à noter les mots qui vous viennent au fur et à mesure comme une sorte de fil d'ariane, à grouper les mots qui semblent liés... Vous valoriserez ensuite cet ensemble par des traits entre les idées qui se suivent, vous tracerez des axes principaux, vous pourrez avoir recours à la couleur..

L'intérêt de cette réflexion sur papier est d'**offrir une pensée sans limite, sans contrainte, sans croyance**. Elle est **libre** et elle s'apparente souvent à une **explosion d'idées** que le mind mapping va justement aider à canaliser, grâce aux schémas que nous construisons, par des lignes et des couleurs.

L'autre intérêt, celui que nous recherchons à travers cette technique du mind mapping, est de vous donner **autant de mots-clés** pour votre tableau de visualisation. Certains que vous utiliserez **pour chercher vos images**, d'autres que vous pourrez même **inscrire sur votre tableau** tellement leur pouvoir de motivation sera grand pour vous !

## En savoir plus

Pour réaliser vos Mind maps, vous pouvez comme moi les faire à la main.

Mais si vous préférez utiliser un outil numérique, je vous conseille l'application **Mindly** (lien dans la bibliographie)

Au terme de ce chapitre, vous voici enfin avec **le thème que vous souhaitez développer** ainsi qu'une pléiade de mots clés et d'idées qui vont vous être précieux pour la suite du travail.

A partir de cette base, vous allez pouvoir enfin **définir l'objectif que vous souhaitez atteindre.** Dans le chapitre suivant, je vais vous permettre de trouver les mots exacts de l'intitulé de votre objectif afin de lui donner toute sa puissance.

## C'est à vous

**Le thème de mon tableau est ...**

**Mon objectif est ...**

Choisissez un travail que vous aimez, et vous n'aurez pas à travailler un seul jour de votre vie.

Confucius

# Affiner son objectif

*Avoir un thème ne suffit pas à réaliser un tableau de visualisation. C'est une des principales erreurs qui font qu'un tableau n'est pas efficace, ne donne pas sa puissance, et finit par ne plus servir.*

Dans ce chapitre, je vais vous aider à trouver les bons mots pour formuler votre objectif, à travers une série de conseils. Je vais également vous partager mon outil pour réussir votre visualisation et ancrer votre objectif, grâce à la méthode VRAIE.

## Le choix de la formulation

Dans le précédent chapitre, vous avez identifié l'objectif que vous souhaitiez atteindre. Mais il faut à présent **choisir les bons mots pour le formuler**, pour qu'il résonne en vous et dévoile toute sa puissance.

D'un mot à l'autre, la formulation de votre objectif prendra encore **plus de force** et pénétrera plus intensément votre mental. Alors choisissez-les avec soin.

## Formulez des demandes précises

Nous l'avons vu dans l'introduction de ce livre, à travers le concept de la visualisation, **vous adressez vos demandes à l'Univers**, et celui-ci vous apporte exactement ce que vous avez demandé. Il est donc important de choisir **avec précision et pertinence** les mots qui vont vous guider lors de votre visualisation. Prenez encore une fois le temps de la réflexion, relisez toutes les notes que vous avez prises lors du chapitre **Débuter un bilan**, explorez le champ lexical de chaque mot, recherchez les synonymes…

## Formulez des demandes positives

L'Univers ne tiendra pas compte non plus de la conjugaison ni de la syntaxe.. Seuls les mots principaux de votre formulation pénétreront les limbes de l'Univers. En d'autres termes, **votre esprit, votre Univers, ne conservera que les mots-clés de votre demande**. Vous connaissez très certainement cette illustration populaire dans le monde de la parentalité :

*Si je vous demande de tout faire pour ne pas penser à une girafe, à quoi allez-vous penser là tout de suite ? Une girafe n'est-ce pas ?*

Voici une démonstration très simple que **le cerveau ne gère pas sur le même plan l'information et la négation**. Il ancre d'abord l'information, profondément. Puis, peut-être, il parviendra à traiter le substrat que cette information doit être comprise à l'inverse de son intitulé. Sauf qu'entre-temps, l'information sera ancrée et sera très difficile à modifier. Autant de perte de temps !

Mon conseil, précieux, est de **TOUJOURS formuler vos demandes de manière positive**. Cherchez les synonymes, les variantes. Tournez vos phrases, simplifiez si besoin. Il existe toujours un pendant positif à une négation, et vous saurez la trouver!

*Formulez ses affirmations sans négation*

| | |
|---|---|
| je n'ai peur de rien | **je suis confiant.e** |
| je ne doute pas de moi | **j'ai confiance en moi** |
| je ne procrastine plus | **je gère mon temps** |
| je ne suis pas fragile | **je suis fort.e** |
| je ne suis pas timide | **j'ose et j'aime ça** |
| j'arrête de dire oui | **je dis NON** |
| je mets fin au malheur | **j'accueille le bonheur** |

zen&zebre.fr

Mais malgré tous vos efforts, vous ne parvenez pas à modifier cette phrase qui vous semble correspondre exactement à ce dont vous avez besoin? Cela arrive parfois. Surtout au début d'un chemin de développement personnel. Je vous conseille dans ce cas de conserver la meilleure formulation possible, même si elle est négative, celle qui sera le plus motivante pour vous, celle qui ne sera pas humiliante ou dégradante pour vous, celle qui ancrera malgré tout un message positif en vous. **Plus tard, lorsque vous serez prêt, vous saurez trouver la bonne formulation.**

## Formulez des demandes justes

Formulez des demandes qui **vous concernent seulement vous ou votre cercle très proche** (enfants, conjoint). Il n'est pas question dans un tableau de visualisation, ni dans un chemin de développement personnel, d'avoir des intentions négatives envers autrui. Un tableau de visualisation ne peut avoir comme finalité par exemple la vengeance, ni la comparaison ou encore l'orgueil… Il n'est question de vous, de votre croissance, de votre résilience, de votre chemin de vie.

Il n'est pas question non plus de réaliser un tableau pour **influencer une autre personne à ses dépends**. Non seulement, une personne ne peut évoluer que de son gré et avec conscience. Mais nous l'avons vu précédemment, **un tableau puise sa force dans le travail personnel qu'on lui aura apporté**.

## Pour aller plus loin, la visualisation

Nous en avons parlé en introduction, pratiquer **la visualisation va vous permettre de développer intensément et précisément votre projet** avant même d'entamer sa concrétisation et sa réalisation. Elle va vous permettre d'anticiper les étapes de votre projet, les embûches, les réussites aussi, surtout !

Elle va vous permettre de concrétiser mentalement ce que vous allez vivre dans le futur, afin de le préparer et de vous préparer, mais surtout **elle vous fera gagner un temps précieux et une énergie vitale, une motivation décuplée**, que vous pourrez mettre au service de la réussite de votre projet.

Prenez le temps, une ou plusieurs fois par jour, à des moments différents de vos journées (le matin au réveil, ou au contraire le soir, ou lors d'une promenade) de vous imaginer entièrement dans cette nouvelle situation que vous désirez.

## Réussir votre visualisation avec la méthode VRAIE

A présent que vous êtes parvenu à trouver des mots clés autour de votre futur objectif, je vous dévoile enfin l'outil que j'ai créé pour ce livre, afin de permettre de réussir votre visualisation : **la méthode VRAIE.**

La méthode VRAIE est **un acronyme correspondant à des termes positifs** qui vont vous permettre de vérifier et d'ancrer votre objectif.

**Visualise** ta vie

**Ressens** tes émotions

**Ancre** cette **Image** et **Elance** toi

Ces mots forts vont ancrer votre intention dans votre mental et décupler votre potentiel.

Chaque jour, lorsque vous débuterez votre routine de visualisation, **répétez cette phrase, comme un leitmotiv**. Utilisez la puissance de la méthode VRAIE pour plonger dans la visualisation et en tirer le meilleur pour votre projet. Vous pouvez la formuler à la première personne **Je** ou à la seconde personne **Tu** selon votre préférence.

*Il est des moments où les rêves les plus fous semblent réalisables à condition d'oser les tenter*

Bernard Werber

## Visualisez-vous en train de vivre la vie que vous voulez

Grâce à la visualisation, projetez vous dans votre projet de vie, et ressentez les émotions que vous auriez si vous aviez réussi. Imaginez-vous en train d'annoncer votre réussite, comment vous seriez habillé....

Pour commencer, formulez l'intention de réussir votre visualisation grâce à **la méthode VRAIE**.

**Fermez les yeux et commencez à visualiser votre vie** exactement comme vous la voulez. Laissez-vous immerger totalement dans cet espace-temps mais **gardez une conscience éveillée** pour répondre aux questions que je vous propose.

Je vous propose dans l'encart qui suit u**ne série de questions pour vous aider à focaliser votre attention sur certains éléments importants.**

Notez tout ce que vous ressentez, tout ce qui vous interpelle, tout ce qui semble faire progresser votre réflexion. Cela peut être un échange avec un interlocuteur, une action ou un geste que vous entreprenez. Mais surtout, **soyez attentif aux signaux sensoriels**, tels que la température, l'odeur, le son, le goût, les couleurs... Ils sont porteurs de sens forts, soit comme indices concrets ou alors à interpréter.

*Prenez quelques minutes pour répondre à ces questions :*

**Dans votre visualisation :**

Quel jour êtes-vous? Quel mois, quelle année ?

Où êtes-vous ? Dans quelle ville ? Dehors ou dans une pièce ?

Avec qui êtes-vous ? Qui est cette personne pour vous ? Vous est-elle sympathique ou antipathique ?

Que faites-vous ? Êtes-vous debout, assis ? Avez-vous un objet en main ?

Comment vous sentez-vous ?

Que ressentez-vous ? Quelle émotion ?

Notez-vous une odeur, un son ? Quelle est la température ?

Avez-vous parlé, discuté, exprimé des mots importants ?

Quels gestes avez-vous fait ? Quelles actions ?

Avez-vous découvert des éléments clés ? une étape importante à ajouter à votre objectif ?

Ne passez pas beaucoup plus de 10 minutes à faire votre visualisation, car **c'est dans le moment présent que se trouve tout votre pouvoir**. Vous devez à chaque fois **rester maître de votre conscience**, ne pas vous endormir, ne pas partir dans vos rêves. Vous devez pouvoir noter le plus d'éléments possibles sur ce que vous avez vécu et ressenti lors de votre visualisation.

# La concrétisation

*Je débute ce chapitre en vous félicitant !*

*Et oui, vous avez fait le plus long et le plus dur du travail de création d'un tableau de visualisation ! Vous avez défini avec précision et justesse votre objectif à atteindre, les étapes à suivre... Vous avez déterminé autant de mots-clés, d'idées qui vont vous permettrent de réaliser votre tableau.*

Voici enfin le moment de **construire votre tableau**. Et soyons honnête, il s'agit de la partie la plus agréable, où se concrétisent vos idées, où prennent forme sous vos yeux vos intentions, votre objectif. Et si vous êtes parvenus à mener votre introspection au plus profond de vous-même, si vous avez pu établir des listes de mots-clés et d'idées, alors la suite de ce travail devrait être une partie de plaisir.

## Quelle taille et quel support choisir ?

**Ne donnez aucune limite à votre tableau.** Il pourra être aussi grand que vous le souhaitez. Une page A4 ? Un format tableau ? Un mur complet de votre salon ? **C'est VOTRE tableau, donnez lui les limites de vos besoins.**

Pour autant, n'oubliez jamais que vous devrez sélectionner les meilleurs éléments pour vous apporter la motivation requise chaque jour. Il ne s'agit donc pas de remplir un mur de photos glanées sur internet qui ne seraient qu'un reflet peu construit de votre introspection. Nous le verrons un peu plus loin mais il est important de garder à l'esprit que **ce n'est pas la quantité** de vos visuels qui compte mais **la qualité de leur sélection**.

Un tableau de visualisation peut tout à fait être **réalisé à la main**, à partir d'impressions, de découpage et de collages par exemple, ou bien dessiné à la main ou même encore ne contenir que des éléments de textes.

Il pourra être réalisé sur une feuille blanche ou de n'importe quelle couleur. Mais pourquoi pas sur un beau panneau de liège ou de bois. Et même sans support, en accrochant directement vos éléments sur un bout de mur que vous aurez choisi.

Et si vous choisissiez au contraire **un format numérique ?**

A l'aide d'un logiciel de traitement d'images comme Photoshop ou bien d'une application de style **Canva** ou **Vision Board** (application en anglais mais très complète, avec sections personnalisables tableau / objectifs / affirmations / notes), vous pourrez réaliser un très joli tableau, sans aucune limite de ressources. Format standard A4 ou A3, format carré ou même panoramique.

Vous pourrez même faire **imprimer cette réalisation sur une toile** pour en faire un bel ouvrage agréable à regarder, valeur ajoutée !

Mais là où se trouve l'**originalité du format numérique**, c'est de pouvoir créer un tableau pour **votre fond d'écran d'ordinateur ou de téléphone**. Un fond d'écran que vous verrez toute la journée, qui sera toujours avec vous dans votre poche. Et pourquoi pas l'option widget de votre smartphone pour un **diaporama en boucle** ?

*En savoir plus*

Je vous conseille le site **Photo-sur-Toile** pour faire imprimer votre tableau sur une toile (QR code dans la biliographie).

# Votre tableau, votre style

Le style de tableau de visualisation le plus classique **mêle images, mots-clés, dates et citations**. En voici un exemple :

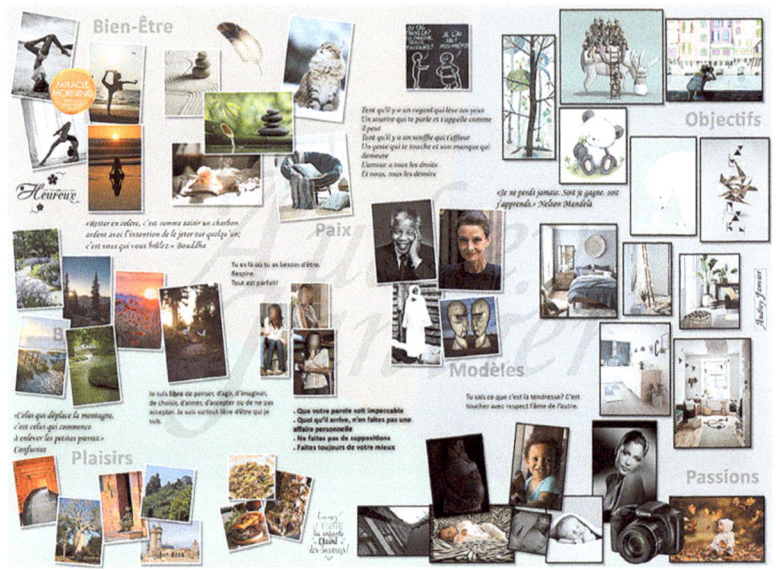

*mon tableau de visualisation en 2019*

C'est un tableau aéré, frais, mêlant objectifs à atteindre et évolution du mode de vie, le lifestyle. Il présente plusieurs thématiques d'inspiration, des modèles, des éléments repères pour le client, des mots forts et motivants. Une présentation à la fois dense car ce tableau comporte beaucoup de visuels et de mots, mais organisé et hiérarchisé, de sorte qu'il est agréable et donc motivant à regarder tous les jours.

Mais vous pouvez tout à fait envisager un tableau composé **uniquement de mots clés et phrases inspirantes**. Ou au contraire uniquement **d'images subtilement sélectionnées** pour provoquer en vous immédiatement les émotions attendues.

Il existe autant de styles que de personnes. Je vous ai **présenté dans ce livre différentes tendances graphiques** qui vous aideront peut-être à choisir à quoi ressemblera votre propre tableau. En voici quelques exemples supplémentaires, réalisés pour moi-même ou pour des commandes.

Alors, **lequel préférez-vous ? quel style allez-vous adopter ?**

*tableaux de visualisation réalisés en 2019 et 2020*

Il est temps enfin de se mettre à la recherche des meilleurs éléments qui rempliront votre tableau.

Je vous livre **un nouveau conseil précieux** à intégrer tout au long de cette étape : pour chaque élément qui vous attire, posez vous cette question : cet élément, ce mot, cette image, m'apporte-t'il réellement de la motivation ?

Cette démarche vous permettra une sélection fine et précise de ce que vous allez faire figurer dans votre tableau de visualisation. **Il s'agit ici de privilégier la qualité à la quantité.** Un visuel pertinent **choisi avec soin et réflexion** aura bien plus d'effet **boostant** que quatre choisis rapidement. Alors prenez votre temps, prenez toutes vos notes, et c'est parti !

## Des mots pertinents

Je vous invite pour cette étape à vous munir de vos pages d'écriture qui vous ont servi lors de l'étape de réflexion sur votre thématique et sur vous même, les mind maps et ikigai que vous aurez produits. Relisez-les avec attention. **Certains mots vont vous sembler plus importants que d'autres, plus évidents que d'autres, plus percutants que d'autres !** Vous pouvez faire figurer sur votre tableau de visualisation une sélection de quelques-uns de ces mots-clé. En alternance avec les images que vous choisirez, ils auront une résonance toute particulière en vous.

Vous l'aurez certainement remarqué, **les mots s'ancrent très fortement dans notre mental**. Un simple mot va déclencher en vous souvenirs, émotions et images. Un condensé d'informations enfermés dans un simple mot. Comme nous l'avons vu précédemment, il est donc important de les sélectionner avec soin. **Des mots précis, des mots positifs, des mots justes**.

Cela pourra être **des mots isolés**, comme *sport*, *zen*, *objectif*, ou même **un chiffre**, comme *2020* ou *35000€*.

Cela peut être **une citation inspirante**, un proverbe de l'un de vos mentors. Cela peut être aussi **une phrase que vous aurez écrite** avec vos propres mots percutants, comme une affirmation, comme par exemple *Dans un an, je pars vivre en Islande* !

ns adaptés

Une fois de plus, votre point de départ pour cette nouvelle étape importante sera vos mots-clés. Les fameux mots-clés que vous avez établis grâce aux outils des premiers chapitres.

Vous avez toute liberté pour trouver les meilleurs visuels qui seront sur votre tableau. Vous êtes la seule personne qui les sélectionnera, et la seule qui les observera quotidiennement. Alors apportez, à cette étape encore, **tout le soin et tout le temps nécessaire qu'il faudra**.

Vous trouverez surement tous les visuels dont vous avez besoin sur internet. Je vous conseille le site internet **Pinterest** qui regorgent d'idées, et dont l'algorithme par mot-clé vous aidera à trouver à chaque recherche encore plus d'images de qualité.

*Trouvez l'inspiration dans mes nombreux tableaux sur Pinterest*
*Janvier Audrey Pro*

**Google Images** est un bon pendant pour compléter ou pour débuter votre recherche si vous êtes un peu perdu. **Flickr** et **Pixabay** regorgent de magnifiques photos.

Vous pourrez également trouver beaucoup de visuels **dans les livres, dans les magazines**... Vous pourrez alors les découper ou les scanner et imprimer pour les intégrer à votre tableau. Ou encore les dessiner ou les peindre, tel qu'on peut le voir dans de très beaux Bujo (Bullet Journal).

Et **si vous preniez vos propres photos** ? Un simple téléphone ou un bel appareil, l'essentiel sera l'inspiration, mais vous obtiendrez ainsi exactement le visuel dont vous aviez besoin.

## Le pouvoir de la symbolique

Un tableau de visualisation n'est pas seulement composé de photos et de citations ou mots-clé. Je vous invite à observer cet exemple :

Dans ce tableau, j'ai utilisé des codes couleurs très particuliers, correspondant aux besoins de la cliente, du bleu pour accompagner un mode de vie plus sain, et une touche de orange, couleur complémentaire du bleu, pour intensifier l'objectif de la formation Reiki de la personne. En plus de mots-clés subtilement choisis pour rappeler certains engagements que la personne souhaitait prendre, j'ai également intégré des éléments d'ordre symbolique, des icônes, qui apportaient exactement les idées que la personne souhaitait visualiser instantanément. Au final, deux éléments se détachent principalement, le symbole du Yin&Yang et le mot objectif, les deux thématiques importantes pour la cliente.

Je vous partage à présent quelques indications qui pourront vous aider à affiner vos choix de visuels et de représentations.

De manière générale, notre état physique et mental est influencé par toutes sortes de choses tout au long de notre journée. Par ce que nous vivons bien sûr, ceux que nous fréquentons également, mais aussi et incidieusement par ce qui nous entoure, notre environnement. Ainsi donc, la décoration de votre lieu de vie influera sur votre mental. Vous aurez peut-être besoin pour vous sentir bien d'un espace rangé et ordonné ou au contraire libre et dynamique ? Un espace épuré ou au contraire opulent ? Là encore, il n'y a pas de règles, chacun agit selon son besoin.

Voici *un article sur le minimalisme* qui vous en dira plus sur le sujet (lien dans la bibliographie).

En percevant cela, vous pouvez apprendre à **maitriser les éléments autour de vous**. Et cela vaut aussi pour votre tableau !

## a sublimation par la couleur

Pour votre tableau, je vous invite à prendre conscience du rôle déterminant de la couleur. Nous l'avons vu lors de la technique du mind mapping, la couleur apporte à la fois une hiérarchisation des informations mais également du sens, un sens intuitif, informel, mais très réel, et qui influera lui aussi sur votre exercice de visualisation.

Voici quelques exemples de signification des couleurs. À vous ensuite de déterminer quelles couleurs vous aurez besoin pour sublimer et renforcer votre tableau.

**Que vous évoque le rouge ?**

Le rouge est la couleur de la force, de l'action, de la rapidité. Il est le symbole du feu, de la chaleur, mais aussi de l'amour. C'est une couleur qui rassure.
Cependant, c'est aussi une couleur pleine de paradoxe, associée également à la colère, à l'interdit.

**Que vous évoque le bleu ?**

Le bleu est le symbole de vérité, de la connaissance. C'est la couleur du rêve, de la sagesse et de la sérénité, elle invite au calme, au repos. C'est aussi la couleur de l'infini, le ciel, la mer... C'est la couleur du voyage, elle entraîne à une introspection personnelle.
Mais un excès de bleu amène de la mélancolie, que vous pouvez équilibrer avec des teintes plus claires comme le blanc ou le marron clair.

**Que vous évoque le vert ?**

Le vert est la couleur de la nature, du végétal, mais également de l'espoir. Symbole de vie, de croissance, elle est associée à la santé, la pharmacopée. C'est une couleur apaisante, rafraîchissante, elle favorise la concentration et la patience, l'harmonie, le renouveau.
Mais elle a également une forte signification négative : elle est porteuse d'échec et d'infortune.

**Que vous évoque le jaune ?**

Le jaune est la couleur du soleil, elle réchauffe et éblouie, elle rayonne. C'est le symbole de la lumière et de l'or. C'est une couleur dynamique, joyeuse, stimulante, optimiste, enthousiaste. Elle évoque la spontanéité, la créativité, la réussite.
Le jaune est également une couleur à la signification très contrastée, associée à beaucoup de défauts, à la maladie, au mensonge..

**Que vous évoque le orange ?**

Le orange est une couleur dynamique, tonifiante. Elle est associée à la créativité et à la communication, à la prévention. C'est la couleur de la bienveillance, de l'optimisme, de la bonne humeur et et la joie.

**Que vous évoque le marron ?**

Le marron est la couleur noble du bois, du cuir. Elle amène une sérénité, une authenticité, elle est rassurante. Symbole de la terre, la Terre-Mère, de la nature végétale, animale et minérale, c'est une couleur neutre. Elle est synonyme de douceur, de protection.

Pour votre tableau, je vous conseille de choisir **une première couleur dominante**, à laquelle vous pourrez bien sûr associer les nuances de la teinte. Puis d'utiliser **la couleur complémentaire** à cette première couleur, pour surligner uniquement l'élément principal de votre tableau.

Pour en savoir plus sur la signification de toutes les couleurs, je vous conseille le site *https://www.code-couleur.com/signification*

## La simplicité forte des symboles

Que vous évoque ces symboles ?

La force réside dans la simplicité. Les symboles, icônes, pictogrammes ont été utilisés depuis les prémices de l'écriture pour aider à la communication entre les humains. **Un dessin vaut mieux qu'un long discours n'est ce pas ?**

Vous pouvez utiliser ces pictogrammes pour **accentuer la matérialisation d'une intention** sur votre tableau. Voici un exemple : l'un de vos projets est de faire un grand voyage dans l'année. Vous pouvez sélectionner de belles images de votre destination, écrire en grand le mot VOYAGE. Mais en ajoutant par dessus vos photos le pictogramme d'un avion, vous accentuez cette thématique sur votre tableau.

Cela peut être le logo d'une école à intégrer, ou le sigle d'un diplôme que vous souhaitez obtenir, comme le TOEIC. Un pictogramme du Yin et Yang vous transportera bien plus vite dans une sensation de zénitude que bien des images relaxantes. Le symbole € appuyera un objectif de revenus. Un mudra ou le symbole **Om** motivera à la pratique du yoga dans un objectif bien-être.

## Dater son tableau de visualisation

Elément primordial d'un tableau de visualisation, mais souvent oubliée et sous-estimée, **la chronologie de votre projet doit figurer sur votre tableau et dans votre esprit**. Garante d'une réflexion profonde autour de votre projet, elle vous permettra de **marquer visuellement des étapes à atteindre**. Elle vous apportera également la motivation qui pourra vous manquer parfois.

Ne vous effrayez pas à l'idée de vous pencher sur cette étape de la préparation de votre tableau. Comme toujours, il s'agit de votre tableau, vous êtes libre de sa réalisation et de ce que vous mettez dedans. Mais **prendre conscience de l'importance de poser des étapes et des dates** dans votre tableau est déjà influant.

Commencez par déterminer **des étapes clés à franchir** dans votre projet, des éléments primordiaux sans lesquels le reste ne peut aboutir. Certaines de ces étapes seront peut-être liées entre elles, grâce par exemple à une hiérarchisation des visuels ou un trait entre chaque image. Certaines pourront être précisément datées, alors que d'autres nécessiteront d'établir un planning complet. Et enfin d'autres étapes resteront floues, comme pour de grandes phases, des moments charnières..

Mais matérialiser sur votre tableau ces éléments-clés de dates et de chronologie sera déjà très positif pour vous.

## Comment installer les éléments sur son tableau ?

Un peu à l'instar d'une mind map, je vous conseille d'organiser votre tableau **par groupe thématique**. Par exemple, placez au milieu le mot-clé principal de votre objectif, ou bien la date de votre objectif ou encore un symbole fort. Cet élément **devra être prédominant autant par la taille que par sa couleur**, il devra se détacher du tableau, il devra attirer votre oeil à chaque regard sur le tableau.

Petite astuce : pour savoir quel élément se détache le plus dans votre tableau, **plissez fortement les yeux**. Vous percevrez ainsi ce qui prédomine par rapport au reste.

Dans chaque angle de votre page, inscrivez un mot-clé percutant, flash. Puis autour de lui, disposez les visuels que vous avez sélectionnés. Ajoutez les éléments chronologiques, les symboles, les mots-clés et les citations que vous avez retenus.

Comme nous l'avons vu précédemment, vous pouvez disposer ces éléments de manière droite, alignée, ou au contraire de manière fluide, avec de légères rotations. Vous pouvez choisir une accumulation inspirante de visuels ou au contraire une sélection subtile et épurée.

**Soignez la hiérarchisation des données**. Les éléments, texte ou image, les plus importants seront les plus grands dans votre tableau. Ceux que votre oeil captera en premier. Le reste sera naturellement plus petit. **N'oubliez pas la couleur pour augmenter la valeur d'un élément fort.** Par exemple si vous avez choisi une dominante de couleur verte pour votre tableau, un élément rouge tranchera et attirera indéniablement votre regard sur lui.

# Le tableau se dévoile

*Et ensuite...? Comment utiliser un tableau de visualisation ? Comment en tirer le meilleur ? Je vous dévoile, dans ce dernier chapitre du livre, les ultimes secrets et astuces autour du tableau de visualisation.*

Vous venez de réaliser votre tableau de visualisation. Il est temps de lui **offrir la place qu'il mérite**. Il va falloir déterminer avec soin **le meilleur emplacement** pour votre tableau. L'endroit où vous le verrez tous les jours, mais surtout **l'endroit où le tableau donnera le meilleur de lui même**, offrira toute sa puissance de motivation. Est-ce que ce sera dans votre chambre, la première chose que vous verrez le matin et la dernière que vous verrez le soir ? Ou bien dans votre salon où vous le verrez le plus souvent possible ? Ou alors dans un espace dédié au développement personnel, où vous aimez vous ressourcer pour pratiquer la méditation par exemple ?

Vous devez vous assurer, quelque soit votre choix, que **le tableau sera mis en valeur et vous attirera quotidiennement**. Si ce n'est pas le cas, il faudra le déplacer. Si ce n'est plus le cas, si vous constatez qu'au bout de quelques semaines vous ne le regardez plus, il faudra le déplacer. Ou peut-être modifier le tableau ?

Car voilà, **le secret ultime du tableau de visualisation,** et il faut en avoir parfaitement conscience dès le moment où vous débutez votre travail de réflexion, c'est qu'un tableau de visualisation **correspond en tout point à un moment précis de votre chemin de vie**. **Ici et maintenant**. Il correspond à votre besoin du moment, à votre capacité à avancer actuellement, à votre potentiel d'apprentissage, à votre pouvoir de compréhension. Vos capacités, votre potentiel, votre pouvoir vont évoluer dans les jours, mois, années. Votre besoin va évoluer également.

*Fais ce que tu aimes et fais-le souvent.*

Vous devrez très probablement **actualiser votre tableau dans quelques mois**, par exemple à la date symbolique d'un an. Je vous conseille de prendre le temps d'étudier l'évolution de votre parcours, les étapes parcourues, celles encore à franchir, ce que vous avez appris sur votre objectif à atteindre. **Reprenez ce processus de réflexion depuis le début**, à chaque fois que vous aurez un nouveau projet, ou bien chaque année, afin de remettre votre tableau au goût du jour et en adéquation avec vos besoins, afin qu'il vous accompagne le plus efficacement possible à chaque instant de votre vie

## Comment se servir de son tableau de visualisation ?

Grâce à la technique de la visualisation, que nous avons vu en introduction de ce livre, et qui ne doit plus avoir de secret pour vous à présent. Votre tableau de visualisation va sublimer cette pratique puissante en vous offrant le support de projection idéal, ici et maintenant.

A vous de choisir votre routine. Une fois encore, il n'y a pas de réponse idéale du moment que vous faites votre choix en pleine conscience et avec honnêteté envers vous-même.

Je le répète encore, ce n'est pas le moment qui compte le plus, mais **la qualité de votre implication dans cet instant présent** que vous vous offrez. Autrement dit, le plus important sera de vous consacrer sincèrement à cet instant. Vous devrez être capable de vous installer dans un état méditatif, en pleine conscience, afin de **ressentir pleinement et totalement la projection de votre visualisation**.

Et pour le reste, laissez au tableau ses pleins pouvoirs de diffusion. Il émanera de lui toute l'énergie et la motivation que vous avez mis dedans.

# Conclusion

Ce livre prend fin ici. Je vous ai dévoilé toutes les étapes et tous les secrets pour réussir un tableau de visualisation puissant et motivant.

J'espère que vous aurez su réaliser le tableau qui vous correspond parfaitement.

Si vous le souhaitez, envoyez moi votre tableau à cette adresse zenetzebre@gmail.com pour que puisse l'ajouter à la galerie *Vos tableaux de visualisation*.

Si vous ne parveniez pas à vous décider dans vos choix de style ou de visuels, vous pourrez retrouver mon service *Je réalise votre tableau de visualisation* sur mon site professionnel.

Je n'ai plus qu'à vous souhaiter une belle visualisation.

Audrey

# Liens du livre

Mon site professionnel *www.janvieraudrey.fr*

Mon service *Je réalise ton tableau de visualisation*

Mon site sur le développement personnel pour les personnes à haut potentiel *www.zenetzebre.fr*

Mon tableau d'épingles sur *Pinterest*

Le site d'Anaïs Alliot sur la parentalité positive et le Growth Mindset à destination des enfants *www.grandirzen.fr*

**Tous les liens url du livre sont disponibles sur la page**
**http://www.janvieraudrey.fr/livre**

# Crédits

Les tableaux de visualisation, ainsi que les visuels d'affirmations et de citations sont réalisés par moi-même pour mes clients ou pour mon site Zen&Zebre. Merci de ne pas les utiliser sans une demande d'autorisation préalable (Code de la Propriété Intellectuelle).

Les photos de ce livre sont soit réalisées par mes soins, soit issues des médiathèques en ligne libres de droit.

# Note sur l'autrice

Je m'appelle **Audrey Janvier**. Je suis artiste et créatrice dans de multiples domaines qui me passionnent. Dessin, écriture, cinéma, photo, chant. Je suis amoureuse de la vie, de la nature, de l'enfance.

Je suis **une zèbre hypersensible et multipotentielle** qui a découvert ses rayures il y a quelques années. J'ai aussi appris au fil des mois à développer mes ailes pour m'envoler vers une belle destination, celle de la sérénité et du bonheur. Zen et zèbre ! J'ai écrit ce livre dans l'espoir de vous transmettre mes connaissances sur ce sujet qui me tient à coeur.

Je suis l'autrice du site *Zen&Zebre* sur lequel je partage mes connaissances et mes découvertes sur le sujet du haut potentiel et de l'hypersensibilité. Vous pouvez également y découvrir des outils de développement personnel.

Je suis également **autrice et illustratrice** de livres, contes et chansons pour enfants autour des valeurs de l'amour, du respect et de la bienveillance. Vous pouvez les découvrir sur mon site *Comptines et Belles Histoires*.

Retrouvez mon travail d'artiste et d'autrice sur mon site professionnel *www.janvieraudrey.fr*

# Mes citations et affirmations favorites

# Remerciements

Je remercie infiniment Anaïs Alliot pour son soutien et sa motivation toujours au rendez-vous, pour son aide à la relecture, et pour sa sublime préface.

Je remercie Nathalie Chevalier-Lemire, autrice de très beaux contes pour enfants, pour son aide précieuse pour la relecture typographique qu'elle propose sur son compte Instagram.

Je remercie Soline Bourdeverre-Veyssiere et Dimitri Carlet de m'avoir donné l'envie, par leur écriture prolifique et inspirante, d'écrire à mon tour ce livre.

Je remercie enfin ma famille, ma soeur, mon compagnon, pour leur soutien moral sans faille et constant.